Rhetorik!

Schlagfertigkeit lernen & gekonnt kontern gegen Totschlagargumente, verbale angriffe & falsche Argumentation Mit Gestik & Mimik überzeugen, Redekunst lernen & Wortgewandt werden Buch

Inhaltsverzeichnis

Rhetorik und Schlagfertigkeit für gute Gespräche

Es gibt immer wieder diese Situationen, in denen einem die Worte fehlen und keine schlagfertigen Antworten sich im Gehirn bilden wollen. Solche Situationen erleben wir immer wieder, weil uns der Gesprächspartner auf dem falschen Fuß erwischt oder einfach die Spucke wegbleibt, weil wir auf eine solch dreiste Frage oder Aussage keine passende Antwort parat haben, die dem Gesprächspartner den Wind aus den Segeln nimmt und ihn in seine Schranken weist.

Der Punkt ist letztendlich der, dass eventuell die falschen Worte gewählt werden, das Gefühl vorhanden ist, dass man dem gegenüber rhetorisch nicht gewachsen ist und daher lieber gar nichts sagt, als genauso bösartig und unverschämt zu werden. Rhetorik gemäß der alten Definition bedeutet nichts anderes, als die Kunst des gesteigerten Umgangs mit Worten. Abgeleitet ist der Begriff aus dem altgriechischen „rhêorikė", der übersetzt „Redekunst" beziehungsweise „Kunst der Beredsamkeit" bedeutet. Hat Rhetorik in der heutigen Zeit noch einen besonderen Stellenwert?

Rhetorik hat in der heutigen Zeit eine ganz neue Bedeutung, da auf der Ebene der Psychologie damit eine Steigerung des Selbstbewusstseins erfolgen kann. Durch ihre Wirkungsweise werden Menschen in Gesprächen wortgewandter und können psychologisch aktiver, fundierter und zielbewusster mit Worten umgehen.

Als guter Rhetoriker halten Sie Reden, die andere Menschen überzeugen. Die gesprochenen Worte kommen beim Zuhörer an und bleiben im Gedächtnis. Das gilt nicht nur für normale Gespräche, sondern auch bei Verhandlungen und Gesprächen, in denen versucht wird, Sie anzugreifen oder in ein falsches Licht zu rücken. Rhetorik ist heute nicht nur eine Kunstform, sondern angewandte Wissenschaft. Die Art und Weise, wie Vorträge gehalten werden oder wie schlagfertig Sie auf Äußerungen anderer reagieren, erfolgt aufgrund von Stilmitteln und Methoden, die Sie bei einer Rede oder Diskussionen einsetzen. Dafür gibt es sogar Kataloge mit bestimmten Gegenfragen und guten Argumenten, die an Schlagfertigkeit kaum zu übertrumpfen sind. Sie zeigen Souveränität, Wortgewandtheit und übermitteln Botschaften, die der Gesprächspartner einfach annehmen muss und zukünftig dementsprechend handelt.

Wer glaubt, dass Rhetorik und Schlagfertigkeit dem eigenen Naturell entspringen, liegt vielleicht nicht ganz falsch. Es gibt diese Menschen, die immer eine passende Antwort parat haben und sich durch nichts aus der Ruhe bringen lassen. Diese Personen haben Rhetorik und Schlagfertigkeit aber nicht in die Wiege gelegt bekommen. Sie haben großen Rednern gelauscht und diese als Vorbilder auserkoren. Es erfolgte ein Auseinandersetzen mit Sprache, Mimik, Gestik, Körpersprache und Körperhaltung, um diese zu adaptieren und mit der eigenen Persönlichkeit zu verbinden. Wie Sie sehen, lässt sich Rhetorik und vor allen Dingen Schlagfertigkeit erlernen, um immer und in jeder Situation richtig kontern zu können.

Schlagfertigkeit: So haben Sie auf jeden Spruch die passende Antwort

Sie kennen das garantiert auch: Sie erscheinen zu spät zu einem Meeting, verschütten den Inhalt des Kaffeebechers über den Konferenztisch, haben sich beim Essen in der Kantine mit Soße bekleckert oder einen Fleck auf dem Jackett, der bei der letzten Reinigung nicht rausgegangen ist. Solche überaus peinlichen und unangenehmen Situationen im Job, erleben Menschen immer wieder. Das Blut schießt in den Kopf, es wird rumgedruckst und es stellt sich ein Gefühl von Hilflosigkeit ein. Stunden später fallen Ihnen die passenden Antworten auf die Kommentare der Kollegen ein. Schade eigentlich! Doch das muss nicht so bleiben, da sich Schlagfertigkeit erlernen lässt.

Was bedeutet aber Schlagfertigkeit?

Mit Schlagfertigkeit ist die Kunst gemeint, spontan und gewandt auf eine unangenehme Situation zu reagieren und richtig zu kontern. Wer Schlagfertigkeit beherrscht, stoppt ganz automatisch verbale Attacken und schafft es im Handumdrehen, die Aussage des Gegners zu entkräften. Damit gerät er selbst ins schlechte Licht, während Sie selbst Souveränität und Selbstsicherheit ausstrahlen. Für Schlagfertigkeit sind drei Dinge wichtig:

1. **Sie brauchen die Fähigkeit zur Gegenwehr:** Seien Sie ruhig einmal frech und verabschieden Sie sich von dem Gedanken, dass Sie es allen recht machen müssen. Was gesagt wird, hat keine entscheidende Bedeutung. Wichtig ist, dass Sie den Mund aufmachen und etwas sagen.

2. **Die Fähigkeit zu argumentieren:** Wenn Sie die Kunst beherrschen, auch in stressigen Situationen und unter Druck Ihre Meinung zu äußern und passende Argumente zu finden, sprechen andere Menschen Ihnen eine hohe Integrität zu.

3. **Humor:** Anstatt verbale Angriffe persönlich zu nehmen, zeigen Sie Belustigung. Gelassenheit verbreiten Sie, indem Sie über sich selbst lachen und sich nicht so ernst nehmen.

Es ist durchaus lohnenswert, die eigene Schlagfertigkeit auszubauen und zu verbessern. Denn damit erreichen Sie:

➥mehr Respekt von Ihren Kollegen,
➥das Vermitteln eines souveränen Eindrucks und
➥eine Steigerung des Selbstwertgefühls.

Schlagfertigkeit und Körpersprache – eine enge Verbindung

Egal, wo Sie anderen Menschen begegnen, wenn Sie einmal unterschiedliche Gesprächsszenarien aus einer gewissen Distanz beobachten, erfahren Sie alleine durch die Körpersprache, Mimik und Gestik, worum es in diesem Gespräch geht. Dafür brauchen Sie noch nicht einmal die gesagten Worte zu verstehen.

Sie haben bestimmt schon einmal Schattenspiele oder Pantomimen zugeschaut, die Ihnen ganz ohne Worte eine lebhafte Geschichte erzählen. Sie nutzen die Körpersprache, Körperhaltung, Mimik und Gestik, um Gefühle auszudrücken. Genauso wie Sie im Gesichtsausdruck, in der Körperhaltung und den Bewegungen erkennen können, was der Darsteller Ihnen erzählen möchte. Dies können Gesprächspartner an Ihrer Körperhaltung, im Gesicht und Ihren Bewegungen lesen und daraus bestimmte Schlüsse ziehen. Sie brauchen nicht nur die richtigen Worte, sondern eine schlagfertige Reaktion, die Sie mit der Körpersprache zum Ausdruck bringen. Sie haben gar keinen Grund sich zu verstecken oder beschämt zu Boden zu schauen.

Stellen Sie sich aufrecht hin und schauen Sie dem Angreifer in die Augen. Der direkte Blickkontakt und die aufrechte Haltung des Körpers zeigen der anderen Person, das Einschüchterung und Angst machen nicht funktionieren.

Seien Sie sich bewusst, dass jeder Schlagfertigkeit lernen kann. Dazu sollten Sie aber über einen aktiven Sprachschatz verfügen, den Sie jederzeit abrufen und einsetzen können. Jeder Konter lebt von einem clever gewählten Spiel mit Worten und einem scharfen Wortwitz sowie Spitzen. Wer dieses Sprachgefühl nicht besitzt, wird niemals die gewünschte Wirkung erzielen und eher in die Ecke der stumpfen Schwätzer gedrängt. Um den Sprachschatz zu erweitern, sollten Sie viel lesen, reden und noch mehr üben, um das Spiel mit Worten zu erlernen. Bilden Sie beispielsweise mit Freunden zusammen Assoziationsketten. Das macht nicht nur Spaß, sondern erweitert den Wortschatz. Sie sagen dabei das erste Wort und anschließend erfolgt das Assoziieren eines weiteren Wortes. So geht es immer weiter, bis das Spiel ins Stocken gerät. Nun wird ein neues Wort gewählt und genauso fortgefahren. Sie können aber auch alleine üben, indem Sie auf ein bestimmtes Wort in einer Zeitung oder Zeitschrift tippen und sich Wortassoziationen ausdenken.

Versuchen Sie sich eine Sammlung von Schlagfertigkeitssprüchen anzueignen, auf die Sie in Notfällen immer zurückgreifen können. Eine größere Wirkung hat es zwar, wenn Sie spontan einen Spruch aus dem Hut zaubern, doch dafür brauchen Sie eine gewisse Trainingszeit. Damit Sie jeweilige Situationen gut meistern und Ihr Selbstvertrauen ausbauen können, sollten Sie sich folgende Klassiker gut einprägen. Sie sind auf viele Bemerkungen anwendbar. Bezeichnet werden solche Antworten als Trigger Sätze, die sich folgendermaßen gestalten:

- ➡Das sehen Sie so richtig!
- ➡Ich überlege mir das nochmal!
- ➡Das ist Ihre Meinung!
- ➡Ich habe Sie nicht verstanden. Was wollen Sie damit zum Ausdruck bringen?
- ➡Daran sollten Sie sich gewöhnen!
- ➡Ich höre Sie, verstehe aber nicht, was Sie wollen!
- ➡Das ist Ihr Problem und nicht meins!
- ➡Das will ich damit zum Ausdruck bringen!
- ➡Das kann jeder behaupten!
- ➡Das ist ein klassischer Ausdruck von Einbildung!

Bauen Sie Ihr Repertoire an Trigger Sätzen immer weiter aus, um schlagfertiger zu werden. Natürlich brauchen Sie einige Zeit, um Schlagfertigkeit zu erlernen. Daher ist es nicht verkehrt, wenn Sie sich Situationen, in denen Sie hätten richtig kontern sollen, immer wieder vor Augen führen und unterschiedliche Antworten gedanklich durchspielen. Speichern Sie die Antworten in Ihrem Gedächtnis ab, die Ihnen spontan einfallen. Damit erreichen Sie, dass Sie sich bei vergleichbaren Gegebenheiten leichter zur Wehr setzen können. Und hier ein Satz, den Sie sich gut einprägen sollten:

Zitat: *„Der Vorteil von Klugheit liegt darin, dass man sich dumm stellen kann. Das Gegenteil ist schon schwieriger."*

Kurt Tucholsky

Trainieren Sie vor allen Dingen, in die Offensive zu gehen und verabschieden Sie sich von der Angst, dass Sie etwas Falsches sagen könnten. Bedenken Sie, dass der Konter immer eine Überraschung ist, da er weh tut und den anderen zutiefst trifft.

Wer in die Situation gerät, verbal angegriffen zu werden, geht aus der ersten Schrecksekunde heraus in die Defensive. Das Überwinden des Schocks ist die schwierigste Lektion, die Sie lernen müssen. Die Schockstarre überwinden gelingt Ihnen, wenn Sie verbale Angriffe als kommunikativen Schlagabtausch oder als Kompliment sehen. Ihr Gesprächspartner schenkt Ihnen in diesem Moment seine ganze Aufmerksamkeit, indem er Sie als Ziel für verbale Balgereien ausgewählt hat.

Schlagfertigkeitstaktiken

Bevor Sie nun einige Taktiken für mehr Schlagfertigkeit kennenlernen, müssen Sie das Problem verstehen. Fiese Sprüche kommen aus den Nichts und treffen Sie völlig unerwartet. Sie fühlen sich verletzt, gedemütigt und vorgeführt. Aus dieser Stresssituation heraus wollen Sie am liebsten die Flucht ergreifen. Das ist ein ganz normaler Reflex. Und genau dieser ist der Hinderungsgrund, warum Sie nicht sofort auf den verbalen Angriff reagieren. Wenn Sie jetzt nicht krampfhaft versuchen, die passende Antwort zu finden, wird sich diese von ganz alleine einstellen.

Die **Rückfrage-Taktik** ist immer anwendbar. Dabei wird der Ball an den Gesprächspartner zurückgespielt. Wenn Ihr Gegenüber Ihnen sagt, dass Sie im Urlaub tüchtig an Gewicht zugelegt haben, können Sie mit folgender Antwort perfekt kontern: „Ja, das mag schon sein. Hatten Sie einen schönen Urlaub? Anscheinend war das Essen in Ihrem Hotel nicht so lecker."

Mit der **Umkehr-Technik** wird der Spieß einfach umgedreht und der Gesprächspartner bloßgestellt. Richtig angewendet, sorgt die Technik für beste Unterhaltung. Da Sie sich allerdings damit schnell Feinde machen und eine Retourkutsche nicht lange ausbleiben wird, sollten Sie Vorsicht walten lassen.

Bei der **Zustimmungs-Taktik** wird sich nicht verteidigt, sondern dem Angreifer zugestimmt. Damit nehmen Sie den verbalen Angriffen den Wind aus den Segeln, sodass diese ins Leere laufen. Ein gutes Beispiel dafür ist Sigmar Gabriel, der auf einer Bundespressekonferenz von Alexander Dobrint als unfähig und übergewichtig bezeichnet wurde. Seine Antwort darauf war: Zitat: „Zumindest bei der einen Hälfte hat er ja recht. Zu welcher, hängt von der Gewichtsklasse des Betrachters ab."

Mit der **Kompliment-Taktik** setzen Sie Ihren Angreifer durch ein ironisches Lob außer Gefecht. Wenn beispielsweise Ihre Ausführung bei einer Präsentation als überflüssig und unsinnig bezeichnet werden, können Sie folgendermaßen kontern:

➥Eine tolle Argumentation. Darf ich diese notieren?

➥Sie beeindrucken mich sehr!

➥Kompliment! Einen solchen Einwurf habe ich von ihnen gar nicht erwartet!

➥Das haben Sie toll ausgedrückt. Können sie die Aussage bitte wiederholen?

Mit der **Übersetzungs-Taktik** drehen Sie die Aussage des Gegenübers um und übersetzen seine Worte. Wenn Ihnen beispielsweise unterstellt wird, dass Sie der Liebling des Vorgesetzten sind, können Sie folgendermaßen kontern: „Sie meinen wohl damit, dass der Vorgesetzte das richtige Fingerspitzengefühl dafür hat, um mit mir richtig umzugehen."

Bei der **Ausweich-Taktik** wird erst gar nicht auf den Inhalt der Verbalattacke eingegangen. Viel mehr machen Sie daraus ein Thema, um die unsachliche Art und Weise der aktuellen Kommunikation in den Vordergrund zu stellen. Damit erreichen Sie, die Aussage des Angreifers zu isolieren.

Das gelingt Ihnen beispielsweise, indem Sie dem Angreifer sagen, dass seine unsachlichen Bemerkungen keinen weiter bringen und dass sich doch auf den richtigen Umgangston besonnen werden sollte.

Vorsicht bei Schlagfertigkeit im Job!

Für hitzige Debatten gelten auf der Arbeit und im Büro andere Regeln. Damit Schlagfertigkeit die gewünschte Wirkung hat, müssen die Trigger Sätze präzise, schnell und schmerzhaft sein. Freche Antworten kommen einem Fehlschlag gleich, da der Erfolg nur mit großen Opfern und hohem Einsatz verbunden ist. Wer versucht, den Gegenüber mundtot zu machen, erzeugt damit Rachegefühle oder schlimmere Gelüste. Denn durch die Pointe der ursprünglichen Verbalattacke setzt sich bei den Kollegen der Vorwurf erst recht in ihren Köpfen fest. Darum sollte die Rhetorik im Büro niemals eine Kampfansage sein, sondern viel eher die Demonstration der eigenen Souveränität. Damit Ihnen das gelingt, gibt es alternative Techniken für Schlagfertigkeit.

Einen verbalen Schlagabtausch im Büro sollten Sie als sportlichen Wettkampf sehen. Auch wenn der andere dabei nicht fair spielt, ist es trotzdem nur ein Kampf. Wer sich in einer solchen Situation nur Gedanken um das eigene Image in der Firma macht, wird niemals den nötigen inneren Abstand erreichen. Sie lassen sich provozieren und schaffen es nicht, sachlich auf die Verbalattacke zu reagieren.

Aggressoren greifen gerne in die Trickkiste, damit Sie schneller eine Reaktion auf den verbalen Angriff zeigen. Sie haben vielleicht schon mit diesem Angriff gerechnet und wissen genau, wie Sie darauf reagieren und richtig kontern können. Denken Sie in solchen Situationen an die Geschichte von Hase und Igel, wo der andere immer schon da ist. Steigen Sie aus diesem Hamsterrad aus und beginnen Sie, die Situation zu kontrollieren. Das gelingt Ihnen, indem Sie eine Rückfrage stellen oder sich für die Offenlegung des Standpunktes bedanken, den Ihr gegenüber so leidenschaftlich zum Ausdruck gebracht hat. Damit haben Sie wieder das Ruder in der Hand und können das Tempo vorgeben.

Wer gut kontern möchte, braucht Humor. Denn wer es schafft, auf lockere Weise zu antworten, sorgt für eine taktvolle Retourkutsche, die mit Charme und Selbstironie gewürzt ist. Damit lässt sich fast jeder verbale Angriff und giftige Spruch entkräften.

Versuchen Sie maßlos zu übertreiben. Das gelingt Ihnen, wenn Sie den Vorwurf des Angreifers einem noch viel schlimmeren Szenario gegenüberstellen. Werden Sie beispielsweise wegen der Länge Ihrer Präsentation angegriffen, ist folgende Antwort eine perfekte Retourkutsche: „Natürlich bin ich mit meinen Ausführungen noch nicht fertig. Oder wollen Sie nicht über alle wichtige Details informiert werden?"

Versuchen Sie verbale Angriffe konsequent zurückzuweisen. Zeigen Sie deutlich auf, dass die Ausführung die Version des Angreifers ist, die Tatsache aber anders aussieht. Das ist zwar nicht die originellste Taktik, aber damit lässt sich erreichen, dass das Gespräch wieder zurück auf die sachliche Ebene geht. In einem Meeting fliegen Ihnen mitunter folgende Sätze um die Ohren: „Sie sind aber sehr naiv für Ihr Alter" oder „In diesem Job reicht es nicht, gut auszusehen". Natürlich sind diese verbalen Angriffe eine absolute Frechheit!

Solche Sätzen können sogar mitunter vom Chef kommen. Wie sollen Sie nur darauf reagieren? Eigentlich sollten Sie den Angreifer in seine Schranken weisen. Ihn vor den Kopf zu stoßen ist allerdings weniger klug. Eine viel elegantere Wirkung erreichen Sie, indem Sie einfach nichts sagen, dem Angreifer intensiv in die Augen schauen und eine Minute schweigen. Es ergibt sich eine erwartungsvolle Schweigeminute, die Ihnen die Gunst in die Hände spielt. Während die ausgesprochene Unverschämtheit noch den Raum erfüllt, stellt sie sich als peinlich und niederträchtig dar. Indem Sie so reagieren, zeigen Sie Größe, Souveränität, zeigen, dass Sie sich unter Kontrolle haben und darüber stehen. Ist die Schweigeminute vorbei, machen Sie einfach weiter, als ob nichts gewesen wäre. Damit bringen Sie zum Ausdruck, dass Sie das Niveau des Angreifers nicht aufgreifen werden. Der Aggressor hat sich mit seiner verbalen Attacke selbst disqualifiziert.

Eristik – die beste Art der Selbstverteidigung bei ganz fiesen Verbalattacken

Wenn Sie bereits zu den Fortgeschrittenen gehören, die Schlagfertigkeit richtig einsetzten können, sollten Sie sich die Kunst der Eristik aneignen.

Was ist Eristik?

Eristik lässt sich bedenkenlos als böse Stiefschwester der Rhetorik bezeichnen. Denn es stehen nicht mehr die besseren Argumente im Vordergrund. Vielmehr wird versucht, mit den gemeinsten Mitteln einen Streit anzuzetteln, den es zu gewinnen gilt. Der Angreifer wird dabei ausgetrickst, diskreditiert und lächerlich gemacht, ganz gleich, ob er vielleicht bessere Argumente oder mit seiner Äußerung sogar recht hat. Im Job sollte Eristik aber nicht zum Standard gehören, es sei denn, Sie haben keine Alternative zur Auswahl, um sich selbst zu verteidigen. Die Techniken von Eristik sollten Sie aber kennen, damit Sie richtig auf bösartige und gemeine Angriffe reagieren können.

Machen Sie Ihren Gegner wütend!

Angreifer, die vor Wut schäumen, können keinen klaren Gedanken mehr fassen und diesen formulieren. Um das zu erreichen, verwenden Sie bewährte Mittel, wie Unterstellungen, Schikanen und Unverschämtheiten, um wiederholt dem Angreifer Unrecht zu tun.

Wichtig! Wenn der Gegenüber bei einem bestimmten Streitpunkt plötzlich und unerwartet wütend wird, haben Sie mit Sicherheit einen wunden Punkt herausgefunden. Seine Argumente sind vielfach sehr emotional und recht schwach. Haken Sie an diesem Punkt ruhig nach!

Die Aussage des Gegners falsch zusammenfassen

Auch wenn das sehr unverschämt ist, hat die falsche Zusammenfassung eine sehr große Wirkung. Nutzen Sie dafür mehrere Antworten, die nicht die gewünschte Meinung darstellen und ziehen Sie daraus eine falsche Schlussfolgerung. Dabei fassen Sie die eigenen Thesen zusammen und sagen: „Sie sagen also, dass..." obwohl Ihr Gegenüber das gar nicht gesagt hat und bringen ihn damit auf die Palme.

Thesen des Angreifers einfach überhören!

Indem Sie gleichzeitig die Thesen sehr allgemein aufgreifen, gleichzeitig die eigenen Äußerungen konkretisieren und mit knappen Worten darstellen, bieten die Thesen des Gegenübers eine größere Fläche, um Infrage gestellt zu werden.

Nutzen Sie das Kreuzverhör!

Lokalisieren Sie die geäußerten Argumente, die im Widerspruch zu früheren Äußerungen des Gegners stehen. Vielleicht werden Sie gerade für etwas kritisiert, wofür Sie vorher in den Himmel gehoben worden sind. Indem Sie dieses hervorheben, untergraben Sie die Glaubwürdigkeit Ihres Gegenübers.

Bombardieren Sie Ihren Gegner mit einem Trommelfeuer von Fragen!

Damit erreichen Sie, dass Ihr Gegner den Überblick und das Motiv für die Verbalattacke aus den Augen verliert. Anschließend fassen Sie nur noch die bestätigten Punkte zusammen und haben damit einen passenden Seitenhieb ausgeteilt.

Zerlegen Sie das eigentliche Ziel in kleine Portionen!

Indem Sie ein Ziel in einzelne Vorgaben zerlegen, verschleiern Sie die Bestätigung heikler Punkte. Das Vorgehen gestaltet sich recht einfach. Denn während der Diskussion fordern Sie in wilder Reihenfolge einzelne Bestätigungen ein. Am Ende fällt es Ihnen leicht, den Deckel zuzumachen: „Bis jetzt haben Sie ja bereits zugegeben, dass dieses, jenes und welches..., woraus sich nur schlussfolgern lässt, dass es so ist, wie ich es die ganze Zeit sage!"

Scheinbare Zustimmung!

Indem Sie Thesen und Argumente des Gegners überhöht darstellen, provozieren Sie suggestiv seine Zustimmung, die er vielleicht nur durch ein Kopfnicken zum Ausdruck bringt. Anschließend können Sie mit Genuss die Übertreibungen widerlegen. Wenn Sie sagen, dass das alles Quatsch ist, haben Sie mit einem Mal gleich zwei Ziele erreicht. Ihr Gegner hat sein Pulver bereits verschossen und steht als Dummkopf dar.

Bestätigung der These des Gegners!

Ähnlich wie bei der scheinbaren Zustimmung, funktioniert die Bestätigung. Allerdings werden dabei nicht nur die Thesen und Argumente bewertet, sondern Zweifel darüber geäußert, ob diese wirklich praxistauglich sind. Sagen Sie deutlich, dass alles auf dem Reißbrett hübsch aussieht und schieben Sie direkt die Frage nach, wie das jemals funktionieren soll.

Überrumpeln Sie den Gegner mit einem Schwall an Worten!

Wer sich plötzlich und unerwartet in einem Wortschwall ergießt, schafft es, den Gegner zu verblüffen und aus dem Konzept zu bringen. Früher haben die Sophisten in der Antike sogar dazu geraten, plötzlich und unerwartet loszulachen anstatt zu antworten, um Unsicherheit zu verbreiten. Anschließend muss aber der richtige Knaller kommen.

Richtig kontern – wie funktioniert das?

Mit Kontern zeigen Sie, dass Sie ironische Spitzen und Unverschämtheiten nicht tolerieren. Das richtige Parieren auf verbale Angriffe ist durchaus als Kunst zu sehen. Denn Sie gehen aus der Verteidigung heraus zum Angriff über. Da sich richtiges Kontern in vielen Lebenssituationen durchaus sinnvoll einsetzen lässt, ist es lohnenswert, sich die Fähigkeit anzueignen. Kontern kennen Sie aus dem Sport, wenn aus der Defensive heraus ein Angriff erfolgt. So wird beim Fußball und auch beim Tennis sowie bei verschiedenen Kampfsportarten von kontern gesprochen. Überall gilt das gleiche Prinzip. Zum Angriff wird angesetzt, wenn der Spieler ganz besonders unter Druck steht und in die Verteidigungsposition gedrängt wird. Genau diese Spieltaktik lässt sich perfekt auf den beruflichen Alltag übertragen.

Ganz gleich, ob Sie von einem Kollegen verbal angegriffen werden oder dumme Sprüche über Ihren Vortrag im Meeting fallen. Sie werden immer wieder solche Situationen auf der Arbeit und auch im Privatleben

erleben, in denen andere Menschen Sie in die Defensive drängen.
Nutzen Sie freche Sprüche, Kommentare, Beleidigungen, Erniedrigungen oder Schmähungen, um aus der Deckung in den Angriff überzugehen und lassen Sie sich die Anfeindungen nicht gefallen. Kontern bedeutet keine langen Wortgefechte, sondern präzise, gut überlegte Retourkutschen, die es genau auf den Punkt bringen.
Damit weisen Sie den Angreifer in seine Schranken und erreichen bestenfalls, dass nach Ihrer Ansage die Diskussion beendet ist.

Kontern fällt den meisten Menschen schwer, gerade, wenn das eigene Ego angegriffen und in ein schlechtes Licht gerückt wird. Eigentlich ist das doch genau der richtige Anlass, um sich mit kontern zu wehren. Doch meistens passiert erstaunlicherweise gar nichts! Es gibt keine Klatsche für den Angreifer und es wird keine wirkliche Reaktion gezeigt. Warum lassen sich Menschen solche Anfeindungen und offensichtlich bösartigen Angriffe gefallen? Dafür gibt es verschiedene Gründe.

Wer einmal in die Defensive gelangt ist, verliert schnell ein Stück des Selbstbewusstseins und ist eingeschüchtert. Daraus fällt es schwer, zum Gegenangriff durchzustarten

und dem Angreifer zu zeigen, dass so kein anderer Mensch mit der eigenen Person umgeht.
Ein weiterer Faktor begründet sich darauf, dass Sie Ihr Gegenüber nicht beleidigen wollen. Es gestaltet sich immens schwierig, forsch auf verbale Attacken von anderen zu reagieren, ohne dabei eventuell ausfallend zu werden. Grundsätzlich ist das eine löbliche Charaktereigenschaft. Allerdings steckt die große Gefahr darin, dass Sie sich viel zu viel von anderen Menschen gefallen lassen. Jeder möchte durch gute Leistungen und Professionalität im Beruf auffallen. Dazu gehören bestimmt keine verbalen Auseinandersetzungen, weil diese den eigenen Ruf schädigen könnten. Darum wird sich dazu entschieden, alles über sich ergehen und sich nicht provozieren zu lassen. Mitunter fehlen aber auch die passenden Trigger Sätze, um bei einem hitzigen Wortgefecht die passende Antwort loszulassen. Sie sind so schockiert, dass sich eine Blockade einstellt. Darum wird lieber nichts gesagt, bevor die scheinbar falschen Worte über die Lippen kommen.

Je mehr Frechheiten und Beleidigungen Sie anderen durchgehen lassen, desto öfter werden Sie zum Opfer von verbalen Angriffen. Darum sollten Sie solche Angriffe so früh wie möglich unterbinden und sich mit gezielten

Kontern wehren. Trauen Sie sich, den Mund aufzumachen und auf die Anfeindung zu reagieren.
Dafür benötigen Sie ein gewisses Selbstvertrauen, dass Sie unbedingt aufbauen müssen. Doch wenn Sie mit der richtigen Antwort auf die Anfeindung reagieren, stellt sich ein gutes Gefühl ein, da Sie in das dumme, sprachlose Gesicht des Gegenübers schauen. Schon mit kleinen Triggern bekommen Sie Übung in der Verwendung und es wird sich garantiert mehr Selbstbewusstsein einstellen, wenn Sie sich nicht mehr alles bieten lassen. Üben Sie mit unterschiedlichen Varianten von Trigger Sätzen und schauen Sie, welche Wirkung sich dabei einstellt. Vermeiden Sie es persönlich und beleidigend zu werden und Schimpfwörter zu verwenden, ganz gleich, wie sehr sich der Angreifer im Ton vergreift und mit seinen Anfeindungen unter die Gürtellinie geht. Ihr Gegenangriff soll den anderen treffen, Sie aber nicht auf ein niedriges Niveau herabziehen. Damit beweisen Sie Souveränität, Professionalität und dass Sie die Situation im Griff haben. Mit direkten Kontern bringen Sie den Angreifer zum Schweigen. Bei einem erneuten, späteren verbalen Angriff wird sich garantiert zweimal überlegt, ob Ihnen gegenüber eine blöde Bemerkung gemacht werden sollte.

Hinterfragen Sie, warum sich Ihr Gegenüber so verhält. Das gelingt Ihnen mit offenem Hinterfragen der aktuellen Verhaltensweise.
Das ist gar nicht schwierig. Stellen Sie einfach die Frage: „Finden Sie das momentane Verhalten angemessen?" Damit erreichen Sie, dass der Angreifer seine gesagten Worte und das Verhalten überdenkt. Gleichzeitig stellt sich die Situation ein, dass sich der Gegner erklären muss. Die meisten treten schnell den Rückzug an, weil ihnen darauf keine passende Antwort einfällt, da sie erfolgreich gekontert haben. Bleiben Sie feinfühlig und gehen Sie mit großer Sorgfalt vor. Denn Sie müssen für die Gegenwehr keine schweren Geschütze auffahren, um einen großen Effekt zu erzielen. Manchmal sind es die Kleinigkeiten, die eine große Wirkung erzielen. Streuen Sie einfach kleine Sticheleien in die Konversation ein. So können Sie beispielsweise folgendermaßen vorgehen, wenn eine andere Person Ihre Idee kritisiert: „Wie ich sehe, haben Sie sich noch nicht mit den neuesten Entwicklungen vertraut gemacht und noch keine aktuellen Studien dazu angeschaut. Daher kann ich ohne Bedenken Ihre wenig konstruktiven Äußerungen sogar verstehen. Wenn Sie auf dem neuesten Stand sind, werden Sie mit Sicherheit meiner Ausführung zustimmen."

Sie haben dem Angreifer und allen anderen gezeigt, dass dieser seine Hausaufgaben nicht gemacht hat und Sie über bedeutend mehr Wissen verfügen.

Gesprächsführung – Regeln, Methoden und die richtigen Fragen

Es gibt nichts Spannenderes als anregende Gespräche, in denen offen über Meinungen diskutiert und Informationen in jeglicher Form ausgetauscht werden. Leider kommt es vor, dass Gespräche eine eigene Dynamik entwickeln. Es entstehen Missverständnisse, rechthaberisches Getue oder es wird geschwiegen.

Die Atmosphäre ist weder locker, noch sympathisch, sondern wird von unangenehmen Gefühlen begleitet. Gute Gespräche führen, wo sich alle Beteiligten wohlfühlen und sich konstruktiv einbringen, gestaltet sich besonders schwierig. Die hohe Kunst von guter Konversation ist aber erlernbar. Denn jeder besitzt theoretisch die Fähigkeit. Allerdings gehört dazu echtes Interesse, das dem Gesprächspartner entgegengebracht wird.

Gespräche ohne Gesprächsführung – das kann nur schiefgehen

Bei guten, gelungenen Gesprächen wird dem Gesprächspartner auf Augenhöhe und mit Respekt begegnet. Damit bekommt er den Eindruck, auf gleicher Wellenlänge zu sein und merkt, dass er verstanden wird. Das hört sich eigentlich ganz einfach an. Doch leider ist genau das so schwer umsetzbar. In Gesprächen passiert nämlich etwas ganz anderes: Menschen fühlen sich missverstanden und manipuliert. Mitunter haben sie das Gefühl, dass ihre eigene Meinung und die Äußerungen einfach übergangen und ignoriert werden. Ein echter Dialog kommt gar nicht erst richtig zustande. Doch woran liegt das? Grund dafür sind drei Fehler, die immer wieder bei Gesprächen gemacht werden:

Die Teilnehmer eines Gesprächs reden nicht miteinander, sondern aneinander vorbei, auch wenn viel geredet wird. Andere Personen, die am Gespräch beteiligt sind, verstehen gar nicht, was der Gesprächspartner gerne zum Ausdruck bringen möchte oder wirklich sagt. Ein gutes Beispiel dafür sind beispielsweise Podiumsdiskussionen, bei denen jeder Redner seine Redezeit dazu nutzt, seinen Standpunkt deutlich zu machen.

Auf die Teilnehmer wird dabei in keinster Weise eingegangen. Schnell machen sich Missverständnisse und Frust breit. Vielfach werden wesentliche Dinge zur Nebensache, da in Gesprächen der Gesprächspartner vom Hauptthema abschweift, weil ihm die richtigen Argumente ausgehen. Bei Diskussionen wird nicht mehr über den Inhalt, sondern über einen wenig professionellen Ton gestritten. Dadurch rückt das Gesprächsthema in den Hintergrund und erhoffte Ergebnisse bleiben aus.

Der Verlauf von Gesprächen wird von Vorurteilen bestimmt. Anders ausgedrückt: Jeder hat seinen eigenen Standpunkt, der in Stein gemeißelt ist. Niemand ist dazu bereit, davon abzurücken, die eigene Meinung zu hinterfragen und sich eventuell eines Besseren belehren zu lassen. Unterschiedliche Standpunkte führen daher zu Meinungsverschiedenheiten. Es entstehen ganz automatisch Konfliktsituationen, wo Beschuldigungen und Rechtfertigungen an der Tagesordnung sind. Zwangsläufig läuft das Gespräch aus dem Ruder und wird zum handfesten Streit. Egal, ob bei Meetings, Diskussionen auf Social Media Kanälen oder bei ganz normalen Gesprächen im privaten oder beruflichen Bereich – alle laufen leider meist nach dem gleichen

Schema ab, wenn keiner der Teilnehmer die Gesprächsführung übernimmt.

Soll nicht heißen, dass einer das Gespräch dominiert und an sich reißt. Vielmehr geht es um ein sanftes Lenken, um beim Thema zu bleiben beziehungsweise schlussendlich ein gutes, Früchte tragendes Gespräch mit anderen Personen zu führen. Es gibt zentrale Elemente, die für die Gesprächsführung wichtig sind.

- **Verstehen** – zuhören, fragen, eingehen, verstandenes anderen mitteilen, spiegeln
- **Führen** – sammeln von Vorschlägen, strukturieren, Stellung nehmen, erarbeiten von Lösungen, Beziehungen klären

Gelungene Gesprächsführungen – 11 Praxistipps

Sie stoßen immer wieder auf genug Gelegenheiten, in denen ein gutes Gespräch sehr vorteilhaft ist. Vielleicht haben Sie ein Gespräch mit einem Kunden, wurden zu einem Vorstellungsgespräch eingeladen, haben einen Termin mit Geschäftspartnern oder sind auf einer Konferenz, um neue Kontakte zu knüpfen. Wer in der Lage ist, gute Gespräche zu führen, hat es leichter, Kontakte zu knüpfen, erhält bessere Informationen und kann leichter eigene Ziele verfolgen. Gesprächsführung wird zum Erfolg, wenn Sie es schaffen, Fehler zu vermeiden und nicht in irgendwelche Fettnäpfchen zu treten. Bessere Gespräche führen Sie garantiert mit diesen 11 Praxistipps:

1. Bereiten Sie sich auf Gespräche vor:

Eine gute Vorbereitung ist unverzichtbar. Denn der Gesprächspartner merkt sehr schnell, wenn Sie keine Ahnung haben, wer Ihr Gegenüber ist. Genauso wichtig ist es, dass Sie wissen, worum sich das Gespräch drehen soll. Schlechte Organisation hinterlässt einen negativen Eindruck und zeigt dem Gesprächspartner, dass Sie einfach keine guten Gespräche führen können.

Planen Sie im Vorfeld genug Zeit ein, um Informationen zu sammeln und intensiv zu recherchieren. Wer ist der Mensch, mit dem Sie ins Gespräch kommen wollen? Welches Thema wird angesprochen? Haben Sie dieses Wissen, werden Sie nicht mit bösen Überraschungen konfrontiert und hinterlassen garantiert einen professionellen Eindruck.

2. Schaffen Sie Klarheit über Ihre eigenen Ziele:
Bei jedem Gespräch, egal, ob bei Verhandlungen mit einem Kunden oder einer Diskussion mit Kollegen – Sie sollten Kenntnis darüber haben, was Sie von diesem Gespräch erwarten. Das ist eine gute Orientierungshilfe während Gesprächen, um frühzeitig eingreifen zu können, wenn sich die Kommunikation ganz anders entwickelt und vom eigentlichen Thema abweicht. Solange Sie das Ziel des Gesprächs vor Augen haben, überlassen Sie nichts dem Zufall und können aktiv teilnehmen.

3. Führen Sie Dialoge und keine Monologe:
Gute Gespräche beruhen darauf, das ein guter, echter Dialog zustande kommt. Wenn Sie merken, dass Sie über einen längeren Zeitraum einen Monolog führen, sollten Sie dem Gegenüber schnellstens die Möglichkeit geben,

das Wort zu ergreifen. Das gelingt beispielsweise, indem Sie dem Gesprächspartner eine Frage stellen.
Umgekehrt funktioniert das genauso:
Wenn Sie feststellen, dass Sie zum Gespräch nichts beitragen können, sollten Sie aktiv werden. Nur wenn Sie und Ihr Gesprächspartner aktiv das Gespräch vorantreiben, entsteht aus einem Monolog ein guter Dialog.

4. Nutzen Sie geschickt formulierte Fragen:
Mit geschickt gestellten Fragen lenken Sie jedes Gespräch in die richtige Richtung. Nutzen Sie zudem Nachfragen, um Ihr Interesse zu signalisieren. Außerdem erfüllen Fragen in einer Gesprächsrunde auch ihren eigentlichen Zweck, nämlich den Austausch von Informationen und gegenseitiges Verständnis. Darum sollten zu jeder Zeit und möglichst oft gezielte Fragestellungen bei der Gesprächsführung verwendet werden.

5. Vermitteln Sie dem Gesprächspartner Glaubwürdigkeit:
Ehrliche Gespräche basieren auf Vertrauen. Ganz gleich, ob es um Gehaltsverhandlungen, sachliche Diskussionen zu einem bestimmten Thema oder Smalltalk geht.

Entsteht das Gefühl, dass Informationen vorenthalten werden, hat der Gesprächspartner das Gefühl, hintergangen zu werden. Das Gespräch wird von Misstrauen geprägt. Gesprächspartner werden vorsichtig mit ihren Äußerungen und geben nur wenig preis.
Um das zu vermeiden, sollten Sie im Dialog immer ehrlich und authentisch bleiben. So können Sie das Gespräch perfekt lenken.

6. Verzichten Sie auf allgemeine Floskeln und werden Sie persönlich:
Indem Sie Ihren Gesprächspartner persönlich ansprechen, zeigen Sie ihm, dass er im Mittelpunkt Ihrer Aufmerksamkeit steht und Sie darauf aus sind, Gemeinsamkeiten zu entdecken. Damit zeigen Sie, dass Sie sich wirklich für den Gesprächspartner interessieren und Wert auf seine Meinung und Gefühle legen.

7. Gehen Sie unvoreingenommen in Gespräche:
Auch wenn Kollegen bereits schlechte Erfahrungen mit diesem speziellen Kunden oder Vorgesetzten gemacht haben, weil sich nur schwer mit ihm verhandeln lässt, sollten Sie bei einem Gespräch diese Gedanken beiseiteschieben.

Denn damit ergibt sich bei Unterhaltungen eine verhaltene, verschlossene Atmosphäre. Bekommen Sie selbst einen Eindruck von diesem Gesprächspartner, ohne ihn durch die Meinung anderer gleich zu verurteilen. Wer seine Offenheit behält, wird auch mehr Offenheit beim Gesprächspartner erreichen.

8. Bleiben Sie respektvoll:

Die wichtigste Regel beim Gespräche führen ist ein respektvolles Verhalten. Egal, wie hitzig die Diskussionen auch werden, Sie sollten niemals den Gesprächspartner persönlich angreifen. Das ist ein absolutes Tabu. Bleiben Sie sachlich, ruhig und freundlich. Sie dürfen die Meinung infrage stellen aber nicht den Menschen. Zu einem respektvollen Umgang gehört auch, dass Sie den Gesprächspartner ausreden lassen, anstatt dem anderen ins Wort zu fallen und zu beleidigen. Damit erreichen Sie garantiert kein besseres Ergebnis.

9. Akzeptieren Sie Kritik und andere Meinungen:

Genau diese beiden Dinge sind es, die anregend wirken und dazu führen, dass sich ein neuer Blickwinkel einstellen kann. Damit lässt sich die eigene Perspektive überprüfen und eventuell korrigieren.

Daher ist es von großer Bedeutung für gute Gespräche, das konstruktive Kritik angenommen und nicht als Angriff gesehen wird. Die anderen Ein- und Ansichten können Sie dazu nutzen, um die eigene Meinung zu ergänzen oder zu festigen. Meckern und destruktive Kritik dürfen Sie natürlich überhören und ignorieren.

10. Aktives zuhören bei einem Gespräch:

Bei der Gesprächsführung gehört aktives Zuhören dazu und nicht nur das darauf warten wird, um selbst wieder das Wort ergreifen zu können. Zu aktivem Zuhörern gehören nicht nur die Äußerungen des Gesprächspartners, sondern auch die Wahrnehmung der Körpersprache und die unbewussten Signale, die ausgesendet werden. Das passiert aber, wenn Sie sich nicht auf den Gesprächspartner konzentrieren. Mit Gesten und Ihrer Körpersprache zeigen Sie, dass der Gesprächspartner Ihre volle Aufmerksamkeit hat.

11. Fassen Sie Gesagtes nach einem gelungenen Gespräch zusammen:

Damit vermeiden Sie Missverständnisse, die ansonsten nicht aufgefallen und ausdiskutiert worden wären.

Gut eigenen sich dafür auch Zwischenergebnisse von Gesprächen, wenn es beispielsweise um Leistungen geht, die das Unternehmen für den Kunden erbringen soll.

EXTRA-TIPP: Gespräche vertagen! Es gibt solche Gespräche, die nicht gleich zum gewünschten Erfolg führen. Bevor hitzige Diskussionen entstehen oder zu Anfeindungen und Schuldzuweisungen gegriffen wird, sollte das Gespräch "jetzt" abgebrochen und zu einem späteren Zeitpunkt fortgeführt werden. So haben beide Parteien die Gelegenheit, über den Gesprächsverlauf nachzudenken, sich zu beruhigen und mit besserer Laune und neuer Energie gemeinsam Lösungen zu finden.

Totschlagargumente und wie Sie richtig darauf reagieren

Es gibt diese Totschlagargumente, die den Gesprächspartner, aus Diskussionen, immer als Sieger hervorgehen lassen, weil diese überaus effektiv sind. „Was Sie das machen, hat weder Sinn noch Verstand!" Zack! Voll ins Schwarze getroffen! Und wieder fühlen Sie sich durch die Killerphrasen vor den Kopf gestoßen und sind völlig sprachlos wegen dieser unverschämten, taktlosen Äußerung.

Was sind Killerphrasen beziehungsweise Totschlagargumente eigentlich?

Beide Begriffe dienen als Bezeichnung für Argumente, die wie die berühmte Keule wirken, die Sie über den Kopf gezogen bekommen. Sie werden damit völlig außer Gefecht gesetzt, fühlen sich wie gelähmt und Ihnen will partout keine passende Antwort darauf einfallen. Von Killerphrasen werden Sie einfach überrumpelt.

Sie entspringen emotionalen Gefühlen und bieten weder Zusammenhänge, noch beruhen sie auf Fakten. Und sie sind mega effektiv. Mit Totschlagargumenten schaffen Sie es, eine Diskussion mit nur einem Satz sofort zu beenden, bevor diese überhaupt richtig in Gang gekommen ist. Darum begegnen Sie diesen Killerphrasen überall, im Büro, zu Hause und natürlich in der Politik.

Ein kleines Beispiel: Sie haben eine Präsentation für das Meeting mit den Kollegen erstellt, die Sie selbst präsentieren. Nachdem Sie mit Ihren Ausführungen fertig sind, wirft Ihnen Ihr Vorgesetzter vor: „Das ist alles graue Theorie, die in der Praxis niemals funktionieren wird. Sie sind halt kein Praktiker, sondern nur Theoretiker!" Ihre Idee wurde gerade einfach totgeschlagen!

Was steckt hinter solchen Totschlagargumenten? Gründe für Killerphrasen gibt es unterschiedliche:

- ➡ Vielleicht kann sich der Vorgesetzte nicht mehr anders helfen und hat keine besseren Argumente auf Lager...
- ➡ Vielleicht hat er ein Problem mit Ihnen, mag Sie nicht und will ganz einfach nur Ihre Idee als unsinnig erklären...

➥ Vielleicht will er sich profilieren und als Gewinner aus dem Gespräch hervorgehen...
➥ Vielleicht ist er überfordert und gestresst...
➥ Vielleicht hat er auch keine Lust, sich inhaltlich mit Ihren Ausführungen näher zu beschäftigen...

Totschlagargumente sind nicht immer ein persönlicher Angriff gegen Sie. Oft genug stecken auch Unüberlegtheit, Unwissenheit, Launen oder Gleichgültigkeit dahinter. Es gibt genauso viele Totschlagargumente, wie Sterne am Himmel. Um sie alle aufzuzählen, sind es viel zu viele. Darum sind hier nur einige davon aufgeführt:

➥ Es gibt bedeutend wichtigeres.
➥ Das kann jeder behaupten.
➥ Den Versuch haben schon andere gestartet.
➥ Das ist alles nicht belegbar.
➥ Darüber wird ein anderes Mal gesprochen.
➥ Bisher sind wir ganz gut ohne ausgekommen.
➥ Da habe ich keinen Einfluss drauf.
➥ Bei anderen mag das funktionieren, hier nicht.
➥ Das passt nicht ins Firmenkonzept.
➥ Das geht viel zu schnell.

Wie Sie richtig auf Killerphrasen reagieren

Killerphrasen sind wie der Faustschlag von Mike Tyson. Unvermittelt und ohne Vorwarnung liegen Sie auf der Matte und sind einfach ausgeknockt worden. Nur selten können Sie diese Killerargumente vorhersehen und sich auf die Wucht und Schlagkraft vorbereiten. Darum gibt es nur zwei Reaktionen, mit denen Sie Killerphrasen begegnen können. Rückzug oder Gegenangriff!

Wer Totschlagargumente an den Kopf geworfen bekommt, nimmt instinktiv eine defensive Position ein und zieht sich verängstigt zurück. Das ist ein großer Fehler. Denn damit gewinnt der Totschläger, ohne überhaupt ein sinnvolles Argument hervorgebracht zu haben. Nutzen Sie hingegen den Gegenangriff, schlagen Sie den Gegner mit seinen eigenen Waffen. „Sie reden auch viel, wenn der Tag lang ist" oder „was wissen Sie denn schon?" sind nur einige Beispiele, um dem Gegner ganz schnell Mundtot zu machen. Das ist eine durchaus menschliche Reaktion, die allerdings zur Eskalation führen kann. Denn damit machen Sie den Angreifer lächerlich. Wenn ein Kollege beispielsweise sagt:

„Auf dieses Produkt wartet niemand auf der Welt", können Sie folgendermaßen reagieren: „Als es damals noch Postkutschen gab, haben die Menschen das Gleiche über Autos gesagt." Oder: „Sie kennen doch den Spruch: das haben wir immer so gemacht. Das war der Lieblingsspruch von meinem ehemaligen Chef, dessen Firma es übrigens nicht mehr gibt!" Genau ins Schwarze getroffen und Schiff versenkt! Die Punkte bei diesem Match gehen an Sie.

Da Sie die sachliche Ebene verlassen, wirken solche Äußerungen negativ. Es ergibt sich daraus schnell ein heftiger Schlagabtausch, durch den viel böses Blut entsteht. Sie haben aber noch eine Option. Diese heißt, Killerphrasen einfach ignorieren! Während Ihres Vortrags kommt aus den Zuhörerreihen folgender Satz: „Das funktioniert sowieso nicht!" Lassen Sie sich davon nicht aus der Ruhe bringen, fahren Sie einfach mit Ihrem Vortrag fort und würdigen Sie die Person keines Blickes. Indem Sie keinen Mucks machen, mit keinem Wort darauf eingehen und auch die Miene nicht verziehen kann es allerdings passieren, dass der Angreifer noch aggressiver wird. Außerdem können sich Killerphrasen in den Köpfen der anderen Zuhörer festsetzen, wenn Sie diese nicht entkräften, sondern einfach ignorieren.

Ignoranz steht daher als Reaktion nur auf Platz zwei oder drei. Nehmen Sie lieber den geworfenen Ball auf und werfen Sie ihn geschickt zurück:

Verlangen Sie von Ihrem Angreifer eine Erklärung!

Wenn Ihr Kollege behauptet, dass das so nie funktioniert und dabei wissend und höhnisch lacht, sollten Sie Rückfragen stellen. Fragen Sie, warum das nicht funktionieren sollte oder stellen Sie die Frage in den Raum, was mit der Aussage gemeint ist. Mit etwas Glück entsteht aus dem Totschlagargument eine ruhige, sachliche Diskussion. Lassen Sie Totschlagargumente niemals einfach im Raum stehen. Damit geben Sie diesem ein deutlich höheres Gewicht. Nehmen Sie die Killerphrasen auf und zerlegen Sie diese.

Erklären Sie Zusammenhänge!

Das Totschlagargument „Da kommt am Ende sowieso nichts bei raus" kontern Sie sehr gut mit folgender beispielhafter Reaktion: „Wenn der Kundensupport vollständig digitalisiert wird, kommen dabei 10.000 Euro monatlich am Ende heraus, weil..." Damit übermannen Sie den Angreifer mit Wissen und Kompetenz.

Voraussetzung ist dafür, dass Sie sich intensiv mit dem Thema beschäftigt und die Präsentation sauber ausgearbeitet haben. Dann hat sie die Substanz, um mit prägnanten Zahlen, Fakten und Statistiken zu überzeugen.

Erfolgsbeispiele aufzeigen und präsentieren!

Ein immer gerne genutztes Totschlagargument ist: „Das kann nicht klappen" oder „das funktioniert vielleicht im Einzelhandel aber nicht im produzierenden Unternehmen". Richtig reagieren Sie darauf mit folgender Argumentation: „Das ist nicht richtig. Das amerikanische Unternehmen XY hat das vor 3 Jahren ähnlich gemacht und damit sehr gute Ergebnisse erzielt. Bei ihnen wurde damals...". Wer Erfolgsbeispiele mit Anknüpfungspunkten zum eigenen Unternehmen vorbringen kann, zeigt Hintergrundwissen. Sammeln Sie bei der Erstellung der Präsentation Expertisen von anderen Unternehmen, mit denen Sie Ihre Argumentation begründen können. Nachteilig könnte dabei allerdings sein, dass Ihnen vorgeworfen wird, bei denen abgekupfert zu haben.

Checkliste:
Was bei Totschlagargumenten zu machen ist!

Wenn Ihnen Killerphrasen an den Kopf geworfen werden, sollten Sie diese wichtigen Hinweise beherzigen:

- ✔ Totschlagargument aufgreifen
- ✔ nicht im Raum stehen lassen
- ✔ stellen Sie Rückfragen
- ✔ nicht aus der Ruhe bringen lassen
- ✔ argumentieren Sie sachlich
- ✔ nehmen Sie Gegenargumente ernst
- ✔ zeigen Sie Zusammenhänge auf
- ✔ beweisen Sie Kompetenz

Rhetorik! – immer die richtigen Fragen, um Sub Botschaften zu übermitteln

Rhetorik ist nicht nur was Sie sagen, sondern viel mehr wie Sie etwas zum Ausdruck bringen. Das ist die wissenschaftliche Seite von Rhetorik. Sehr gut beobachten lässt sich diese bei großen Rednern wie Steve Jobs und Barack Obama. Ihre Reden waren wie eine Darbietung, ähnlich wie ein Theaterstück. Die Reden übermittelten den Zuhörern ein unbeschreibliches, rhetorisches Talent, Charisma und Präsenz, wodurch die Reden sehr viele Menschen überzeugten. Es wurden wichtige Botschaften beeindruckend rübergebracht. Damit wurde das Ziel erreicht, den Zuhörer zu überzeugen und bestenfalls dazu zu bringen, die vermittelte Meinung zu übernehmen und dementsprechend zu handeln.

Sie haben bestimmt schon einmal folgenden Satz gehört: „Wer fragt, der führt!" Dieser Aspekt ist bei Rhetorik auch sehr wichtig und gehört daher zu den rhetorischen Techniken. Denn wer fragt, hat die Zügel in der Hand, um ein Gespräch in die richtige Richtung zu lenken, den Zuhörer zu manipulieren und Dominanz auszuüben.

In Fragen steckt aber noch viel mehr. Wenn Sie sich selbst oder einem sehr guten Freund mit besten Absichten rhetorische Fragen stellen, können diese zum Nachdenken anregen. Werden die richtigen Fragen gestellt, könnte diese ein guter Ansatz für eine Lösung sein. Das ist möglich, weil bei rhetorischen Fragen im Subtext immer eine Botschaft übermittelt wird. Sie beinhalten eine spezielle Aussage. Hinter solchen Fragen kann sich auch ein kleiner Persönlichkeitstest verbergen.

Sind Sie in der Lage, genau die richtigen Fragen zu stellen? Schon alleine die Frage hört sich weniger nach einem Kommando an, sondern signalisiert Offenheit. Zudem lassen sich Ansprechpartner damit in die gewünschte Richtung lenken. Genauso hätte die Frage auch folgendermaßen lauten können: „Stellen Sie die richtigen Fragen?" Doch damit wäre es keine rhetorische Frage mehr, sondern ein Appell! Damit Sie erkennen, was in rhetorischen Fragen steckt, erhalten Sie nun 25 Fragen, zusammen mit den versteckten Sub Botschaften:

1. Was würden Sie machen, wenn...? Damit bringen Sie jemanden dazu, über den Tellerrand hinauszuschauen.
2. Was würden Sie anders machen, wenn...? Dahinter steckt konkret eine vage Kritik
3. Wenn Sie an meiner Stelle wären...? Damit lässt sich Führungspotenzial herausfinden, Chancen erkennen und den Gesprächspartner ermuntern.
4. Wie würden Sie die Sache kommunizieren...? Damit wird Kommunikationsstärke und die Reaktion der anderen visualisiert.
5. Auf einer Messlatte von 1 bis 10...? Damit können Emotionen in eine objektive Richtung gelenkt werden.
6. Woran arbeiten Sie gerade...? Damit lässt sich aktuelles Engagement und Vakanzen herausfinden.
7. Was muss geschehen, um Sie...? Damit werden Optionen geschaffen und Verhandlungsbereitschaft demonstriert.
8. Was können WIR machen, um...? Das zeigt Verbundenheit.
9. Was können wir JETZT machen...? Damit wird eine unmittelbare Lösung herbeigeführt.

10. Was sind die größten Herausforderungen...? Damit lassen sich Grenzen herausfinden.
11. Was haben Sie daraus gelernt...? Damit finden Sie die Lernfähigkeit und Analysestärke heraus.
12. Sie wollen also sagen...? Damit lassen sich Wortschlampereien und Verschleierungsversuche hinterfragen.
13. Würden Sie dem so zustimmen...? Damit testen Sie die Grenzen des Gesprächspartners aus.
14. Haben Sie eine Erinnerung daran...? Damit lassen sich Analogien erkennen und das Gedächtnis überprüfen.
15. Haben Sie sich das genau überlegt...? Hiermit hinterfragen Sie Analysestärke und Sorgfalt.
16. Haben Sie auch daran gedacht, dass...? Diese Suggestivfrage ist eher eine Belehrung als ein guter Rat.
17. Haben Sie daran gedacht, dass...? weniger suggestiv, sondern soll zum Nachdenken anregen.
18. Wie würden Sie an die Sache herangehen? Testet und motiviert gleichzeitig zu mehr Kreativität.
19. Wie haben Sie damals eine Lösung herbeigeführt...? Damit lassen sich frühere Erfolge und daraus gewonnene Erkenntnisse herausfinden.

20. Wie würden Sie das einschätzen...? Es wird sich um Objektivität bemüht und auf nachprüfbare Fakten fokussiert.

21. Welche Alternativen sind vorhanden...? Das ist eine Ermutigung für grenzenlose Gedanken und offene Diskussionen.

22. Was passt dazu...? Bei dieser Frage liegt der Fokus auf dem roten Faden und essentiellen Synergien.

23. Wer ist der gleichen Meinung...? Damit lässt sich das Ausmaß des Interesses an einer bestimmten Sache ausloten.

24. Haben Sie gefragt, dass...? Damit hinterfragen Sie die Fragen einer anderen Person.

25. Haben wir noch etwas Wichtiges vergessen...? Damit gehen Sie auf die Suche nach neuen Fragen.

Systemische Frage: Damit übernehmen Sie die Gesprächsführung

Seit Stunden geht es in der Diskussion keinen Schritt weiter, die Gespräche haben sich festgefahren und für das Problem scheint sich keine Lösung abzuzeichnen. Egal, was Sie machen, Sie stecken mit dem Team oder einem Geschäftspartner an einem bestimmten Punkt fest. Ist das die Endstation? Nein! Solche Dinge passieren immer wieder und gestalten sich wenig angenehm. Allerdings lassen sich solche Situationen durch systemisches Fragen recht schnell lösen und Sie können dabei sogar die Gesprächsführung übernehmen.

Es gibt nicht nur diese W-Fragen, die zu den Klassikern gehören, sondern zwei spezielle Fragetechniken, die Sie sehr gut nutzen können:

Geschlossene Fragen:
Darauf wird grundsätzlich nur mit „Ja" oder „Nein" geantwortet. (Haben Sie das Projekt schon fertig?)

Offene Fragen:

Damit räumen Sie dem Gefragten einen gewissen Spielraum ein, sodass dieser etwas ausschweifender berichten kann. (Was macht denn das Projekt?)

Gerade diese beiden Fragetechniken sollten Sie fest in Ihr Repertoire aufnehmen. Denn die speziellen Rückfragen sind überall, beispielsweise bei Mitarbeitergesprächen, Smalltalk, Diskussionen, zu Hause und bei einem Vorstellungsgespräch einsetzbar.

Bei systemischen Fragen geht es weniger darum, Erkenntnisse zu erlangen, sondern vielmehr darum, den Gesprächspartner zum Nachdenken anzuregen, neue Perspektiven aufzuzeigen und ihm damit die Chance einzuräumen, über den Tellerrand hinauszuschauen. Gerade bei festgefahrenen Gesprächen und Diskussionen lösen Sie damit Denkblockaden und bringen neuen Wind in die Gesprächsrunde. Es gibt sogar einige Fragen, die bestens in einer Diskussionsgruppe funktionieren. Für ein gutes Gelingen bei der Verwendung von systemischen Fragen, sollten bei der Anwendung drei Grundsätze Beachtung finden:

1. Sobald Sie systemische Fragen stellen, übernehmen Sie automatisch die Führung des Gesprächs. Wenn Ihnen durch Ihre Stellung und die Hierarchie im Unternehmen die Hände gebunden sind, sollten Sie das vorab mit Ihrem Vorgesetzten absprechen und sich rückversichern.

2. Systemische Fragen regen nicht nur zum Nachdenken an. Mitunter können Zuhörer Sie komplett falsch verstehen. Darum ist es grundsätzlich wichtig, dass Sie eindeutige Formulierungen verwenden, um niemanden mit den Fragen anzugreifen oder bloßzustellen.

3. Wer möchte, dass sich andere von eingefahrenen Denkmustern trennen, muss selbst überaus flexibel sein. Denn es passt nicht, wenn Sie zu mehr Flexibilität auffordern und selbst jede vorgebrachte Idee als Träumerei und unsinnig abtun.

Genauso wie alle anderen Methoden, egal, ob bei Rhetorik oder Schlagfertigkeit, brauchen Sie ein wenig Übung, bevor Sie systemische Fragen richtig einsetzen können.

Üben Sie mit Freunden, der Familie oder Bekannten und führen Sie Testgespräche durch, bis Sie sich sicher fühlen. Anschließend werden Sie feststellen, dass sich im Job oder Privatleben mit systemischen Fragen tolle Erfolge erzielen lassen.

Es gibt mehrere, unterschiedliche Fragearten, die beim systemischen Fragen eine besondere Funktion erfüllen und in der Praxis miteinander kombinierbar sind, wenn dafür Bedarf besteht. Mit diesen Kombinationen lassen sich Gespräche und Diskussionen in eine bestimmte Richtung lenken, die sich gerade sinnvoll darstellt. Diese sechs Fragearten kommen beim systemischen Fragen am häufigsten vor:

Zirkuläre Fragen:

Damit gelingt es Ihnen, die aktuelle Gegebenheit aus einem anderen Blickwinkel zu betrachten und dadurch neue Lösungsmöglichkeiten zu entwickeln. Dabei lässt sich die eigene Meinung genauer unter die Lupe nehmen. Andere Perspektiven werden dadurch eher gesehen und verständlich. Wenn Sie wollen, dass der Blickwinkel einer bestimmten Person angenommen wird, sollte diese anwesend sein. So besteht die Möglichkeit die spezielle Perspektive zu hinterfragen.

Gleichzeitig ergibt sich ein Feedback, welche Wirkung Sie auf andere haben. Ein paar Beispiele für zirkuläre Fragestellungen:

- ✔ Welche Verhaltensweise erwartet Ihr Partner?
- ✔ Wie würde Ihr Vorgesetzter das Vorgehen einschätzen?
- ✔ Was für eine Meinung hat eine neutrale Person dazu?
- ✔ Wie würde Ihr Lebensgefährte darüber denken?
- ✔ Was würden Ihnen Ihre Freunde für einen Rat geben?
- ✔ Warum reagiert die andere Person so?

Lösungsorientierte Fragen:

In Diskussionen kreisen die Fragen häufig um Defizite und Probleme einer Situation oder eines Projekts. Indem Sie lösungsorientierte Fragen stellen, lenken Sie die Aufmerksamkeit auf mögliche Lösungsansätze und Ressourcen, die bisher außer Acht gelassen wurden. Damit lenken Sie die Diskussion in eine positive Richtung, anstatt nur darüber zu reden, was alles nicht richtig funktioniert. Ein paar Beispiele:

- ✔ Welche Probleme sind bereits aus der Welt geschafft?
- ✔ Was ist nötig für einen problemlosen Ablauf?
- ✔ Mit welchen Mitteln lässt sich ein weiteres Problem vermeiden?
- ✔ Wann ist es gut gelaufen?
- ✔ Wer hat eine hohe Wichtigkeit für den Erfolg?
- ✔ Welchen Möglichkeiten sollte unbedingt Beachtung geschenkt werden?

Hypothetische Fragen:

Mit diesen Fragen laden Sie die Diskussionspartner zu gedanklichen Experimenten ein. Auch wenn diese nicht direkt zu einer Lösung führen, ergeben sich daraus neue Ansätze. Darüber hinaus kann durch diese Fragestellungen herausgefunden werden, ob die Idee überhaupt zielführend ist oder lieber beiseite gelegt werden sollte. Diese beliebte Fragen-Strategie wird gerne dafür genutzt, um mehr kreative Energie freizusetzen. Das gelingt mit folgenden Beispielen:

- ✔ Wie würden Sie das Problem angehen, wenn unbegrenztes Budget zur Verfügung stehen würde?
- ✔ Was würden Sie machen, wenn Sie keine Angst davor hätten zu scheitern?
- ✔ Wie würde Ihr Traumjob aussehen, wenn Sie diesen selbst gestalten könnten?
- ✔ Was wäre, wenn Ihr Chef Sie morgen ganz spontan befördern würde?
- ✔ Was würden Sie machen, wenn andere Personen davon nicht betroffen wären?
- ✔ Was würde geschehen, wenn Sie das gesetzte Ziel morgen erreichen?

Wunderfragen:

Wunderfragen sind nichts anderes als hypothetische Gedankenspiele, die sich deutlich extremer gestalten. Sie sollen dazu anregen, Fantasien freien Lauf zu lassen und über den eigenen Horizont hinaus zu blicken. Solche Fragen sind perfekt, um Wege und Lösungen zu finden, auch wenn die Situation ausweglos erscheint. Beim Befragten stellen sich zudem positive Gefühle, positive Gedanken und neue Motivation ein. Hier ein paar Beispiele:

- ✔ Was wäre, wenn es das Problem plötzlich nicht mehr gäbe?
- ✔ Was wäre, wenn Sie das Projekt bis morgen noch fertig bekommen?
- ✔ Sie gewinnen morgen den Jackpot: Was geschieht dann?
- ✔ Malen Sie sich einmal aus, Sie bekommen morgen ein Angebot für Ihren Traumjob: Was würde sich ändern?
- ✔ Angenommen, der nächste Chef ist perfekt: Wie geht es anschließend weiter?

Begründungsfragen:

Diese Fragestellungen zielen darauf ab, dass der Gesprächspartner sein Handeln reflektiert und gleichzeitig eine Begründung abgibt. Damit erhalten Sie einen guten Einblick in die Denkweisen des anderen und können seine Ansichten besser nachvollziehen. Gleichzeitig dienen diese systemischen Fragen dazu, angebliche Tatsachen genauer zu beleuchten und zu hinterfragen oder eindimensionale Betrachtungsweisen zu bestimmten Sachverhalten neu zu gestalten. Ein paar Beispiele:

- ✔ Warum wollen Sie diesen Weg für die Problemlösung gehen?
- ✔ Wann hat sich bei Ihnen diese Ansicht eingestellt?
- ✔ Warum sollte keine andere Möglichkeit in Betracht gezogen werden?
- ✔ Können Sie mir noch einmal Ihr Vorgehen genauer erklären?
- ✔ Welche Erfahrungen liegen gemäß Ihrer Meinung zugrunde?

Skalierende Fragen:

Diese systemischen Fragen erlauben Ihnen, gleich zwei Ziele zu erreichen: Sie reduzieren temporär die Komplexität eine Situation und setzen gleichzeitig Problemstellungen in den richtigen Blickwinkel. Mit den richtigen Fragen verliert das Problem an Größe, sodass es sich leichter bewältigen lässt. Darüber hinaus lassen sich mit diesen Fragen subjektive Einschätzungen besser messbar machen. Dazu ein paar Beispiele:

- ✔ Wie beurteilen Sie den aktuellen Sachverhalt auf einer Richterskala von 1 bis 10?
- ✔ Wenn Sie den perfekten Tag mit 10 bewerten: Wie bewerten Sie denn den heutigen Tag?
- ✔ Wie viel Glück empfinden Sie in Ihrer aktuellen Beziehung, wenn Sie dieses von 1 bis 10 bewerten?
- ✔ Welchen Stellenwert haben bei Ihnen die momentanen Schwierigkeiten im Vergleich zu früheren Vorkommnissen?
- ✔ Auf einer Messlatte von 1 bis 10: Wie entspannt sehen Sie Ihrer Entscheidung?

Paradoxe Fragen:

Mit diesen Fragen lassen sich auch Probleme einordnen. Allerdings haben sie die Wirkung, dass daraus kreative Lösungsansätze entspringen können. Die Fragestellung wird dabei ins Gegenteil umgekehrt. Natürlich sind nicht alle daraus entstehenden Ideen wirklich umsetzbar. Doch aus den Ideen ergeben sich vielfach gute Ansätze, da mehr Zeit und Energie darauf verwendet wird, um Gedanken weiterzuführen. Oftmals ergeben sich Dinge, an die sonst niemand gedacht hat.

Diese Wirkung wird sich aber nur einstellen, wenn der Befragte dazu bereit ist, sich auf die Fragestellungen ernsthaft einzulassen. Ein paar Beispiele:

- ✔ Wie viele schlechte Gewohnheiten brauchen Sie noch, um der Gesundheit noch mehr Schaden zuzufügen?
- ✔ Wie lässt sich die negative Situation noch verstärken?
- ✔ Was funktioniert auf gar keinen Fall?
- ✔ Wie gelingt es Ihnen, dass das Projekt komplett scheitert?
- ✔ Was können Sie machen, um die Beförderung zu verhindern?

So wenden Sie systemische Fragen richtig an

Sie müssen natürlich selbst herausfinden, welche Fragen in den verschiedenen Situationen effektiv und sinnvoll sind. Doch seien Sie sich immer bewusst, dass derjenige, der die Fragen stellt, das Gespräch führt. Üben Sie die unterschiedlichen Fragearten, um Sicherheit zu erlangen. Denn nicht nur die Wirkung, sondern auch die Nebenwirkung ist enorm und sollte nicht unterschätzt werden.

Nutzen Sie die Fragetechniken zielgerichtet und gut dosiert. Haben Sie einen Gesprächspartner mit hohem Mitteilungsbedürfnis, eignet sich dieser perfekt, um ihn aus bekannten Denkmustern herauszuführen, wenn er bereit dazu ist. So lassen sich gut kreative Lösungsansätze entwickeln. Bitte vermeiden Sie, den Gesprächspartner unter Druck zu setzen. Er sollte Zeit haben, damit sich Ideen und Gedanken entwickeln können.

Es gibt keine Denkverbote und vorschnelle Bewertungen, ähnlich wie bei einem Brainstorming, bei dem jede Idee einfach ausgesprochen wird.

Wichtig ist, dass zwischen Ihnen und dem Gesprächspartner ein Vertrauensverhältnis besteht, das auch Belastungen gewachsen ist. Es gibt nämlich systemische Fragen, die sehr intim sind und ans Eingemachte gehen. Für lösungsorientierte Dialoge ist daher gegenseitiges Vertrauen extrem wichtig.

Rhetorik und Schlagfertigkeit lernen für mehr Selbstsicherheit

Sie begegnen im Leben immer wieder Situationen, wo andere Menschen es schaffen, Ihre Selbstsicherheit und das Selbstbewusstsein ins Wanken zu bringen. Ein gezielter Satz oder eine spezielle Fragestellung sorgen bereits dafür, dass Sie sich dumm, klein und wertlos fühlen. Anschließend gehen Sie mit sich selbst hart ins Gericht und zeigen sich Ihre eigenen Schwächen auf. Dabei verlieren Sie Ihre Stärken komplett aus den Augen.

Das passiert sogar, wenn Sie in Ihrem tiefsten Inneren genau wissen, dass Sie mit Ihrer Meinung und den Thesen absolut richtig liegen. Sie haben Angst davor, der anderen Person Paroli zu bieten, weil Ihnen die passenden Worte fehlen, um sie zum Schweigen zu bringen. Sie fressen solche Situationen in sich hinein, was letztendlich die eigene Psyche belastet. Das Bild, was andere Menschen von Ihnen haben, verschlechtert sich auch, weil darunter Ihr Ansehen leidet.

Was heißt Selbstsicherheit?

Selbstsicherheit wird oftmals mit Selbstbewusstsein und Selbstwertgefühl in einen Topf geworfen, obwohl das nicht ganz richtig ist. Denn Selbstsicherheit wird grundsätzlich als die Fähigkeit definiert, im sozialen Umfeld so zu handeln und aufzutreten, um die eigenen Rechte und Bedürfnisse zu befriedigen und gleichzeitig keine anderen Menschen dadurch einzuschränken. Daher geht es nicht um das eigene Wahrnehmen wie beim Selbstbewusstsein, sondern um soziale Kompetenz. Eng verbunden ist damit, dass Sie Ihre eigenen Ansprüche kennen, diese ansprechen und durchsetzen.

Geringe Selbstsicherheit hat eine große Wirkung nach innen und nach außen. Wem es an Selbstsicherheit fehlt, zieht sich oftmals zurück, versucht nicht aufzufallen, vermeidet Fehler und Risiken und bleibt am liebsten im Hintergrund. Dahinter verbirgt sich große Angst vor sozialer Ablehnung und zu versagen. Es geht nur noch darum, nicht aufzufallen, anzuecken und nicht wahrgenommen zu werden. Damit werden sich sämtliche Chancen verbaut, wichtige Zielsetzungen zu erreichen und das eigene Leben im Privaten und im Job mitzugestalten.

Dann gibt es das andere Extrem, wo geringe Selbstsicherheit gekonnt überspielt wird. Damit wird nach außen ein hartes, unnahbares Image dargestellt und dabei andere in die Enge getrieben und verletzt.

Beide Extreme von fehlender Selbstsicherheit lassen sich vor anderen Menschen nur schwer verbergen, insbesondere, wenn der Gesprächspartner feine Antennen hat. Er bekommt sofort die Unsicherheit mit und merkt, dass Sie mit ihm nicht auf Augenhöhe sind. Genauso lassen sich aber auch selbstsichere Menschen schnell erkennen.

Diesen wird jeglicher Respekt entgegengebracht. Es gibt sogar einige besondere Verhaltensmuster, die Menschen mit geringer Selbstsicherheit an den Tag legen. Dazu gehören:

- Körpersprache und Körperhaltung
- Zustimmung
- Zurückhaltung und fehlende Schlagfertigkeit

Körpersprache und Körperhaltung

Wer den Kopf einzieht, Blickkontakt vermeidet, nervös herumzappelt und nicht die passenden Worte findet, hat wenig Selbstsicherheit und möchte sich am liebsten nur klein machen und verstecken. Diese kleinen Gesten werden ganz unbewusst durchgeführt, aber vom Gegenüber sofort wahrgenommen. Daher ist es wichtig, dass Sie genau auf solche Mikrogesten und auf Ihr eigenes Auftreten achten. Versuchen Sie sich selbst zu beobachten und finden Sie heraus, welche Bewegungen und Gesten der Gesprächspartner als Unsicherheit deutet. Genau an dieser Stelle können Sie nun starten, um mehr Selbstsicherheit aufzubauen. Ein wenig Übung ist schon notwendig, um selbstsicherer aufzutreten und sich gegen die Schlagfertigkeit von anderen zu wehren.

Zustimmung

Wenn Sie anderen Personen immer zustimmen und „Ja" sagen, werden Sie damit nicht sympathischer. Gleichzeitig erreichen Sie, dass Sie weniger Respekt entgegengebracht bekommen. Denn es ist grundsätzlich unmöglich, es jedem recht zu machen und gleicher Meinung zu sein. Es gehört Mut dazu, „Nein" zu sagen und damit zu zeigen, dass man Courage hat und für die eigene Meinung eintritt.

Doch genau dieses vermittelt ein selbstsicheres Auftreten. Halten Sie sich ruhig vor Augen, dass aus „everybody´s darling" ganz schnell „everybody´s Hampelmann wird.

Außerdem sollten Sie nicht vergessen, das diejenigen, die es allen recht machen wollen, selbst auf der Strecke bleiben und die eigenen Ziele niemals verwirklichen. Kompromissbereitschaft ist sicherlich eine gute Eigenschaft. Dennoch dürfen Sie nicht aus dem Blickfeld verlieren, was Ihnen wichtig ist und genau dafür sollten Sie einstehen.

Zurückhaltung und fehlende Schlagfertigkeit

Sich in der Mittagspause absondern und alleine am Tisch sitzen oder im Meeting nicht die eigene Meinung äußern, deutet auf fehlende Selbstsicherheit hin, auch wenn es mitunter als besondere Form von Bescheidenheit gesehen wird. Trotzdem verbreiten Sie damit nicht den Eindruck von großer Selbstsicherheit, sondern wirken viel eher wie eine kleine, graue Maus. Gerade bei Diskussionen erzeugen Sie noch ein viel schrecklicheres Bild, wenn Sie sich nicht beteiligen, den neutralen Beobachter spielen und dem Ergebnis einfach zustimmen. Denn Sie zeigen nicht nur, dass es Ihnen an Selbstsicherheit fehlt, sondern dass Sie auch kein Rückgrat haben.

Welche Anzeichen stehen für mangelnde Selbstsicherheit?

Nicht nur, dass andere Ihre fehlende Selbstsicherheit bemerken, auch Sie selbst können das in vielen Situationen feststellen. Die Szenarien sind extrem vielfältig. Um Ihnen aber einen kleinen Einblick zu geben, sind nachfolgend die häufigsten für Sie aufgelistet:

➠Sie fühlen sich unsicher und unwohl, wenn neue Umstände und Situationen eintreten.
➠Sie haben Schwierigkeiten, Ihre Meinung zu vertreten und schlagfertig zu antworten.
➠Sie suchen immer zuerst bei sich selbst die Schuld.
➠Sie können Lob und Zuspruch von anderen nur schwer annehmen.
➠Angst, sich zu blamieren ist Ihr ständiger Begleiter, obwohl es dafür keinen Grund gibt.
➠Sie haben große Probleme, sich durchzusetzen.

Wenn bereits diese Punkte auf Sie zutreffen, wird es höchste Zeit, dass Sie an Ihrer Selbstsicherheit arbeiten, Ihre Körpersprache neu gestalten, sich mit Rhetorik auseinandersetzen und Schlagfertigkeit üben.

7 Wege, um Selbstsicherheit zu trainieren

Geringe Selbstsicherheit hat die negative Eigenschaft, sich selbst immer weiter zu verstärken. Ist das Ausmaß groß genug, leidet sogar das Selbstbewusstsein. Sie begeben sich ganz automatisch in eine Abwärtsspirale, die Sie erst einmal durchbrechen müssen, um selbstsicherer zu werden. Auch wenn Ihnen andere Personen sagen, dass Sie dafür einfach auf andere Menschen zugehen müssen, ist das gerade am Anfang der schwierigste Schritt. Zu Beginn werden Ihnen aber diese folgenden Möglichkeiten bedeutend leichter fallen.

1. Hören Sie auf, sich mit den falschen Menschen zu vergleichen!

Es ist wichtig, sich mit anderen zu vergleichen, da sich damit das Selbstbild vervollständigen lässt. Sie wollen ja schließlich wissen, wo Sie stehen und was andere Menschen mitunter anders machen. Wenn Sie sich allerdings mit den falschen Menschen vergleichen, ist das ein riesiger Fehler. Zu dieser Kategorie zählen diejenigen, die erfolgreicher sind, aber ganz andere Werte haben, oder solche, mit unerreichbaren Idealen. Daneben fühlen Sie sich garantiert klein und unscheinbar.

Damit haben Sie die Weichen auf noch weniger Selbstsicherheit gestellt. Es entwickelt sich das Gefühl, nicht gut genug zu sein. Richten Sie Ihren Blick nach innen, anstatt zu schauen, wie toll andere Menschen doch sind.

2. Rufen Sie sich die Ursachen für die geringe Selbstsicherheit ins Gedächtnis!

Mehr Selbstsicherheit erlangen Sie, wenn Sie Ursachenforschung betreiben. Kramen Sie nach Situationen in Ihrem Gedächtnis, wo Sie besonders unsicher waren und wodurch die Unsicherheit ausgelöst wurde. Wenn Sie wissen, was der Grund für Ihre Unsicherheit ist, können Sie aktiv dagegen vorgehen. Krempeln Sie die Ärmel hoch und bekämpfen Sie die Ursache. Erstellen Sie einen Plan, was Sie gerne ändern möchten. Fehlt es Ihnen an Selbstsicherheit im Job, wenn bestimmte Situationen eintreten? Um selbstsicherer zu werden und bestimmten Situationen selbstbewusst zu begegnen, ist die Kunst des Redens und Schlagfertigkeit eine perfekte Grundlage. Denn mit den richtigen Worten können Sie sich perfekt gegen verbale Angriffe wehren, vor allen Dingen, wenn Sie genau wissen, dass Sie im Recht sind und das auch belegen können.

Üben Sie gezielt Ihre Körpersprache, Ausdrucksweise, schulen Sie die Stimme und eignen Sie sich systematische Fragen an, um Sub Botschaften zu übermitteln. Und rufen Sie sich immer ins Gedächtnis, dass Sie sich vor nichts und niemandem verstecken müssen.

3. Schreiben Sie Dinge auf, worauf Sie besonders stolz sind!

Damit Sie Ihre eigenen Fähigkeiten und Stärken nicht vergessen, sollten Sie diese aufschreiben und gut sichtbar aufhängen, damit Sie immer daran erinnert werden. Sehen Sie, was Sie in Ihrem Leben bereits alles erreicht haben? Dazu gehören nicht nur Gegebenheiten im Beruf, sondern auch private Erfolge. Wenn Sie einmal wieder einen Tag hatten, wo Sie sich selbst im Wege stehen und Anfeindungen von Kollegen ausgesetzt sind, blicken Sie auf Ihre Mindmap und machen Sie sich bewusst, dass es keinen Grund gibt, die Selbstsicherheit infrage zu stellen.

4. Nehmen Sie Einfluss auf die Menschen, die Sie umgeben!

Auch wenn Sie meist selbst bestimmen, wer sich in Ihrem Umfeld aufhalten darf, fällt das im Job oftmals schwer. Doch Selbstsicherheit bewahren Sie, wenn Sie schlagfertig sind und die richtigen Fragen stellen.

Mit bestimmten Fragestellungen haben Sie die Möglichkeit, Menschen zu manipulieren und die Richtung des Gesprächs vorzugeben. Wenn Sie dazu gleichzeitig die richtige Körpersprache einsetzen, übernehmen Sie die Gesprächsführung, können sich selbstsicher darstellen und gegen Verbalattacken perfekt zur Wehr setzen. Gerade wenn Sie sich bisher zurückgehalten haben und plötzlich mit den richtigen Worten zurückschlagen, liegt der Überraschungseffekt auf Ihrer Seite.

5. Ohne Grund einfach öfter einmal lächeln!

Das mag Ihnen bestimmt merkwürdig vorkommen. Doch grundlos lächeln tut wirklich gut. Lächeln ist nämlich nicht nur eine Reaktion der Freude, sondern kann Freude auslösen und gleichzeitig Selbstsicherheit verleihen. Wissenschaftler haben festgestellt, dass durch Lächeln Glückshormone ausgeschüttet werden, auch wenn es keinen Grund zum Lächeln gibt. Ihre Laune wird besser und Angst verschwindet. Darüber hinaus wirkt Lächeln im Gespräch und bei Diskussionen entwaffnend. Sind Sie beispielsweise bei Ihrer nächsten Präsentation oder im kommenden Meeting Verbalattacken ausgesetzt, lächeln Sie selbstbewusst und wissend und kontern Sie mit der passenden Antwort oder einer systemischen Frage. Damit nehmen Sie die Kraft aus den Worten des Angreifers.

6. Üben Sie, egoistischer zu sein!

Auch wenn das zuerst einen bitteren Beigeschmack hat, werden Sie damit Ihre Selbstsicherheit stärken. Mit egoistischer werden ist gemeint, dass Sie sich Ihre Wünsche und Bedürfnisse bewusst machen, aufzeigen, was Sie nicht wollen und andere das zu respektieren haben. Ihre Wünsche und Bedürfnisse verleihen Sie mit der richtigen Rhetorik Nachdruck, sodass selbst Zweifler irgendwann einknicken und dieses akzeptieren. Damit erreichen Sie einen respektvolleren Umgang und demonstrieren mit großer Selbstsicherheit, dass Sie zu sich selbst und Ihren eigenen Vorstellungen und Wünschen stehen. So sind Sie auch in der Lage, Dinge zu fordern. Und niemand wird Sie mehr vertrösten.

7. Tragen Sie Kleidung, mit der Sie beeindrucken!

Ein toller Trick ist die eigene Kleidung, mit der Sie ein selbstsicheres Gefühl erzeugen können. Nicht umsonst gilt der Spruch: „Kleider machen Leute“. In einem schicken Kleid oder Kostüm oder in einem edlen Anzug fühlen Sie sich nicht nur selbst besser, sondern treten auch ganz anders auf. Andere Menschen bekommen ein ganz anderes Bild von Ihnen und werden Ihnen mit mehr Respekt entgegentreten. Wichtig ist aber, dass Sie sich mit Ihrem neuen Kleidungsstil rundum wohlfühlen.

Sonst stellt sich der positive Effekt nicht ein, weil Sie die Wirkung erzeugen, verkleidet zu sein.

So funktioniert es mit mehr Selbstsicherheit

Es gibt auch weitere vielversprechende Möglichkeiten, um mehr Selbstsicherheit zu erlangen. Wichtig ist, dass Sie sich überwinden und aus den vielen Möglichkeiten schöpfen, die Ihnen zur Verfügung stehen.

➥Wehren Sie sich mit der richtigen Rhetorik gegen Verbalattacken.

➥Lassen Sie sich nicht reinreden und sagen Sie ganz selbstbewusst „Nein".

➥Versuchen Sie mit gezielten Fragen die Gesprächsführung zu übernehmen.

➥Üben Sie unterschiedliche Stimmlagen, um mit der Tonalität Selbstsicherheit auszudrücken.

➥Lassen Sie Einschüchterungsversuche nicht an sich heran und stehen Sie zu Ihren Argumentationen.

➥Halten Sie den Blickkontakt zum Gesprächspartner ganz bewusst aufrecht.

➥Trainieren Sie Ihre Körpersprache, um dem Gesagten Nachdruck zu verleihen.

➥Nutzen Sie die richtigen Fragen, um die Gesprächsführung zu übernehmen.

➥Zeigen Sie Persönlichkeit und Rückgrat.

Diese Dinge sind in der Umsetzung oftmals recht schwierig. Doch sobald Sie den Schritt über Ihren eigenen Schatten gemacht haben, werden Sie spüren, wie Sie selbstsicherer werden. Situationen, in denen Ihnen die Worte fehlen, gibt es nicht mehr, da Sie sofort schlagfertig auf Verbalattacken reagieren können. Sie werden stärker und selbstbewusster und öffnen sich damit Türen, die sonst verschlossen geblieben wären.

Rhetorik richtig anwenden und damit überzeugen

Sie haben bisher viele Informationen über Redekunst, Schlagfertigkeit, Körpersprache, die richtigen Fragestellungen und mehr Selbstsicherheit erfahren und einige Praxistipps erhalten. Klar ist, dass es einige Zeit dauern wird, bis Ihnen diese Dinge in Fleisch und Blut übergegangen sind. Doch was passiert, wenn Sie in der Phase des Lernens dazu aufgefordert werden, eine Präsentation zu halten? Plötzlich macht sich wieder diese lähmende Angst breit, dass Sie versagen werden, sich lächerlich machen und den Anfeindungen Ihrer Kollegen ausgesetzt sind. Schieben Sie diese schlechten Gefühle beiseite. Sie haben die Präsentation fertiggestellt und suchen nun nach den richtigen Worten, mit denen Sie Ihre Ausarbeitung spannend vortragen und anschaulich argumentieren können. Doch wie bekommen Sie das am besten bewerkstelligt? Konfuzius hat einmal gesagt:

Zitat: *„Wer viel schießt, ist noch kein Schütze, und wer viel spricht, ist noch kein Redner."*

Wer seine Hausaufgaben für die Präsentation richtig gemacht hat, präsentiert Fakten, die die Säulen des Vortrags darstellen. Ein guter Redner hat Begründungen und Belege für seine Argumentation, übersetzt Fachbegriffe in eine für jeden verständliche Sprache, wenn das nötig ist und bringt wichtige Zahlen, Fakten und Beweise wirkungsvoll anhand von überzeugenden Beispielen den Zuhörern nahe.

Überarbeiten Sie ruhig Ihre Präsentation noch einmal und binden Sie Illustrationen, Schaubilder, Fotos und weitere optische Hilfsmittel ein, gerade, wenn es um eine trockene Materie geht. Damit Argumente im Gedächtnis bleiben, wählen Sie eine farbige Sprache, formulieren Sie kurze Sätze und legen Sie die Konzentration auf wichtige Fakten. Lebendigkeit erzeugen Sie durch kurze Sätze. Mit Pausen, die richtig platziert sind, steigern Sie die Spannung. Ein schönes Beispiel dafür: „Das konnte niemand vorhersehen." -Pause- Ergebnis: „Aktuell sind wir mit unseren Entwicklungen ganz weit vorne." Wenn Sie dabei gleichzeitig das Sprechtempo und die Lautstärke Ihrer Stimme verändern, werden die gesagten Worte lebendig.

Nutzen Sie rhetorische beziehungsweise systemische Fragen, um das Publikum direkt anzusprechen. An dieser Stelle wird es garantiert zu Diskussionen kommen, da Sie dazu aufgefordert haben. Natürlich wird es Kollegen geben, die Ihre Äußerungen infrage stellen und behaupten, dass Sie nur Unsinn erzählen. Das sollte Sie nicht verunsichern. Indem Sie im Vorfeld solche Dinge einplanen, haben Sie das beste Rüstzeug, um mit Einwänden, Störungen und Anfeindungen richtig umzugehen. Da Sie Ihre Hausaufgaben vor der Präsentation erledigt haben, können Sie mit schlagfertigen Argumenten Störenfriede in die Schranken weisen. Wie das funktioniert, wissen Sie ja bereits.

Bedenken Sie immer, dass der beste Lerneffekt immer dann entsteht, wenn Sie ins kalte Wasser springen und sich im Gespräch behaupten. Es gibt so viele Situationen im Leben, in denen geredet wird. Mal sind es fachliche Gespräche unter Kollegen, der Smalltalk auf einer Veranstaltung, um neue Kontakte zu knüpfen und private Gespräche über wichtige Themen oder Streitpunkte, die einer Klärung bedürfen. Sie haben unendlich viele Chancen, Rhetorik und Schlagfertigkeit zu trainieren.

Treffen Sie sich mit Freunden und Bekannten, gehen Sie in eine Gaststätte und unterhalten Sie sich mit anderen Gästen über Unwichtiges und banales oder über Themen, die gerade in der Thekenrunde aktuell sind. Wichtig ist, sich einzubringen und die eigene Meinung zu vertreten. Gegenwind wird es immer geben. Es werden auch Situationen auftauchen, in denen Sie Ihre eigene Meinung revidieren müssen. Geben Sie ruhig zu, dass Sie in die falsche Richtung gedacht haben und dadurch ein fehlerhaftes Bild entstanden ist. Damit zeigen Sie, dass Sie nicht stur an Ihrer fehlerhaften Meinung festhalten, sondern durchaus bereit sind, in eine andere Richtung zu denken, wenn die Argumente überzeugen.
Das zeigt Größe.

Bösartige Anfeindungen sollten Sie nicht persönlich nehmen. Meist teilen Menschen nur aus, wenn Ihnen selbst schlagende Argumente fehlen. Mit den richtigen Fragen finden Sie schnell heraus, wie der Hase läuft und worauf sich die Anfeindungen begründen.
Mit Schlagfertigkeit, den richtigen Fragen und Totschlagargumenten können Sie sich perfekt gegen Verbalattacken wehren, gewinnen wieder Oberwasser und senden die richtigen Signale aus.

Selbstbewusstsein stärken

Haben Sie einmal Ursachenforschung betrieben und Überlegungen angestellt, warum Sie rhetorisch nicht überzeugen und schlagfertig reagieren? Dann sollten Sie einmal überlegen, worauf sich Ihre Unsicherheit begründet.

➡Haben Sie Angst, dass Sie einen Fehler machen könnten?

➡Trauen Sie sich nicht, Ihre Meinung zu äußern, weil Sie glauben das Sie in Ihrer Position dazu nicht berechtigt sind?

➡Haben Sie Angst vor der Kritik von Vorgesetzten und Kollegen?

Diese und viele weitere Gründe können Ursache für ein mangelndes Selbstbewusstsein sein. Nutzen Sie einen ruhigen Moment, um aktuelle Situationen im Job und Privatleben genauer zu betrachten und zu durchleuchten und richten Sie anschließend den Blick in Ihr Inneres, um sich selbst besser kennenzulernen. Sie werden dabei Dinge entdecken, dessen Sie sich gar nicht bewusst sind.

Analysieren Sie Ihre positiven und negativen Eigenschaften und fertigen Sie dazu eine Liste an, indem Sie diese Fragen beantworten:

➡Haben Sie eine hohe Empathie?
➡Sind Sie ein witziger, lustiger Mensch?
➡Wie gehen Sie mit Erfolgen um?
➡Was bewirken Rückschläge?

Das Selbstbild und die Fremdwahrnehmung können mitunter weit auseinanderliegen. Über Ihre Selbsteinschätzung sollten Sie mit einem oder mehreren Personen sprechen, denen Sie vertrauen. Diese werden Ihnen ehrlich sagen, wie Sie auf andere wirken und gute Hinweise gehen. Bei unsicheren Menschen liegt ein deutlich größeres Gewicht auf den eigenen Schwächen. Dabei werden die Stärken vergessen. Das ist ein großer Fehler. Darum sollten Sie daran arbeiten, eine positive Einstellung zu sich selbst zu erlangen. Trennen Sie sich davon, perfekt sein zu wollen. Allen recht machen können Sie es nicht. Kein Mensch ist fehlerlos, selbst diejenigen, die ein ausgeprägtes Selbstbewusstsein haben und das mit Rhetorik und Schlagfertigkeit zur Schau stellen.
Jeder Mensch hat Stärken, auch Sie!

Legen Sie ruhig den Fokus darauf und entwickeln Sie den Glauben daran, dass Sie alles schaffen können, wenn Sie nur wollen! Damit führen Sie eine Veränderung der inneren Einstellung herbei, die Sie dazu motiviert, endlich etwas verändern zu wollen und über sich selbst hinauszuwachsen. Jeder Mensch, der das Licht der Welt erblickt, ist individuell und entwickelt sich im Laufe des Lebens weiter.

Er arbeitet an seiner Persönlichkeit, entwickelt Selbstvertrauen, Selbstbewusstsein und Selbstsicherheit. Allerdings haben oftmals Fremdeinflüsse eine große Wirkung. Darum befinden sich Menschen immer wieder im Wandel, verändern sich, lernen dazu und feilen an Rhetorik, Körpersprache, überwinden Ängste und prägen damit die eigene Persönlichkeit. Sie verschwenden keinen Gedanken daran, dass sie nicht gut genug sind, dass andere besser sind, dass sie es nicht verdient haben, akzeptiert und gemocht zu werden. Sie sprechen sich keine Fähigkeiten ab, sondern sind in der Lage,

➥ihre Meinung zu vertreten,

➥Bedürfnisse und Wünsche zu äußern,

➥Ärger und Unmut auszusprechen,

➥Forderungen abzulehnen,

➡neue Wege zu gehen und können

➡Anerkennung und Lob annehmen.

Sie möchten auch zu diesen Menschen gehören, die selbstbewusst durchs Leben gehen und in jeder Situation Selbstsicherheit ausstrahlen? Arbeiten Sie an sich selbst, entwickeln Sie sich weiter und lernen Sie mit Rhetorik und Schlagfertigkeit andere Menschen zu überzeugen. Redekunst ist erlernbar, wie viele andere Dinge, die Ihnen mehr Selbstbewusstsein und Selbstvertrauen geben. Springen Sie über Ihren Schatten und beginnen Sie mit Worten, Argumenten, Redewendungen und der Körpersprache zu spielen. Menschen haben die Gabe zu sprechen dafür bekommen, um sich auszudrücken und anderen mitzuteilen. Nutzen Sie endlich diese Fähigkeit, um über sich hinauszuwachsen!

Urheberrecht

Haftungsausschluss und Impressum

Der Inhalt dieses Buches wurde mit sehr großer Sorgfalt erstellt und geprüft. Für die Richtigkeit, Vollständigkeit und Aktualität des geschriebenen kann jedoch keine Garantie gewährleistet werden. Sowie auch nicht für Erfolg oder Misserfolg bei der Anwendung des gelesenen. Der Inhalt des Buches spiegelt die persönliche Meinung und Erfahrung des Autors wider. Der Inhalt sollte so ausgelegt werden, dass er dem Unterhaltungszweck dient. Er sollte nicht mit medizinischer Hilfe verwechselt werden. Juristische Verantwortung oder Haftung für kontraproduktive Ausführung oder falsches Interpretieren von Text und Inhalt wird nicht übernommen.

Impressum

Autor: Max Krone

vertreten durch:

MAK DIRECT LLC
2880W OAKLAND PARK BLVD, SUITE 225C
OAKLAND PARK, FL 33311
FLORIDA

markus.kkober@gmail.com

Quellenangabe:

https://karrierebibel.de/schlagfertigkeit/

https://karrierebibel.de/kontern/

https://karrierebibel.de/gespraechsfuehrung/

https://karrierebibel.de/rhetorische-fragen/

https://karrierebibel.de/systemisches-fragen/

https://karrierebibel.de/totschlagargumente/

https://rhetorik-online.de/rhetorik/

https://rhetorik-online.de/rhetorik/

#wieso-ist-rhetorik-so-wichtig

Printed in Poland
by Amazon Fulfillment
Poland Sp. z o.o., Wrocław

57819494R00059